オカリナ牧師の聖書ゆるり散歩

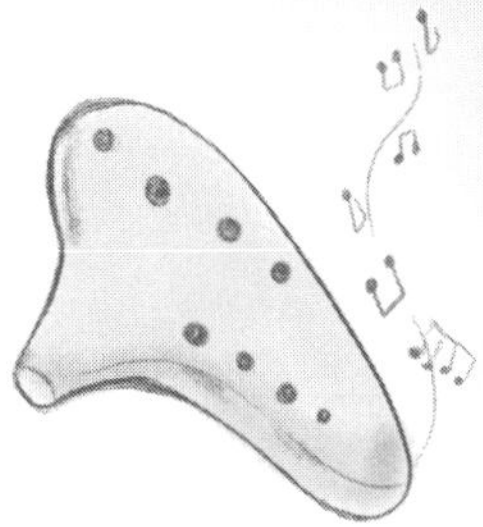

はじめに

「ん？　思ったより、歩きにくいぞ。だけど、なんだかわくわくする！」

私が住む鹿児島には、知林ヶ島といって特別な干潮のときだけ歩いて渡れる島があります。海から現れる八〇〇メートルの道は圧巻なのですが、実際に歩いてみると、湿った砂のでこぼこ道なのですから、歩きにくくて仕方がありません。とはいえ、限られた時間にしか現れない砂の道を歩いて島へと渡ることはすごく楽しいのです。

この本は、オカリナを吹くことが大好きで、コンサート活動までしている牧師が書いた本。でこぼこ道の人生だけれど、聖書を味わいながら、ゆるりと散歩するように歩む中、時には驚くような道が開かれたり、希望にあふれて、わくわくしたりしてきた記録です。

思い描いたようにはスムーズにいかないのが人生なのかもしれません。だからこそ、その中で人生の宝を発見できることがあります。本書が、あなたにとっての人生の宝を探し出すヒントとなり、わくわくするような道が開かれていく始まりにきっとなる！と信じて、読者の皆様にお届けいたします。

二〇二一年 六月

久保木 聡

目次

第1章　自分の心を守る

神が つくられたものは
すべて 良いもの

要らないものは何もない

さわさわと窓の外の木々が風にゆれている音が聞こえます。なんだか疲れて集中できないとき、風の音にいざなわれ、思い切って外に出て、短い散歩をすることがあります。街路樹、通りの家の庭の木々をながめながら、ホッと息つく時間が始まります。

ふぅ～と息を吐き出すと、わたしの息を植物たちは吸い込み、太陽の光を受け、光合成し、酸素をわたしたちにプレゼントしてくれていることを思いめぐらします。わたしは感謝を込めて、酸素をすぅ～っと吸い込みます。

実はわたしにとって散歩は、歩くことが目的というよりも、神さまが造った世界が、お互いを必要とし、贈りものを贈り合う様子を味わうのが目的だったりします。

ふぅ～と吐き、すぅ～と吸う。気づかなくても生きている限り、呼吸は続きます。寝ている間も、集中して仕事をしているときも、友達と楽しくしゃべっているときも、ひどく落ち込んだときにも、自覚はしなくても呼吸をしています。息が止まったら死ぬのに、無自覚のまま呼吸をしているのだと思うと、「生きている」というよりも「神さまに『生きよ』と言われ、生かされている」と思わずにいられないのです。

呼吸ができるのも神さまが植物や太陽を備えておられるから……。当たり前と言えばそうかもしれません。でも、改めて意識すると、呼吸ひとつをとっても神さまに守られ、奇跡の中を生かされているような驚きを散歩の中で味わい、確認しています。

そんな散歩の中でも、今トラブルの渦中にある人間関係がわたしの頭をもたげ、心がざわつくことがあります。ふぅ～とため息をつき、しばし悲しみにひたります。それから、ここまでの散歩の中で感じてきた自然の循環をさらに思いめぐらします。

動物のフンや死骸は大地の肥やしとなり、そこから植物は育ち、それを草食動物が食べ、その草食動物を肉食動物が食べて……というように自然界にはそもそも要らないものはありません。要らないようでいて他の生物には無くてはならない贈りものとなる世界を、神さまはデザインされました。

だから、要らないように思える人間関係のトラブルも、人の痛みを理解し共感するための贈りものであり、自分がより穏やかでしなやかであるための贈りものだと思えるように神さまがきっとしてくださると味わいなおしていきます。

イエス・キリストは当時の民衆から要らない存在とされ、十字架刑に処せられ、殺されました。要らないはずだったのに、三日目に復活したキリストへの信仰は二千年の歴史に刻まれ、今でも世界各国でキリストを信じる人々がいます。

「神が造られたものはすべて良いもので、感謝して受けるとき、捨てるべきものは何もありません。」（新約聖書・テモテへの手紙第一４章４節）

捨てるべきものがない人生であることを散歩の中で確認できていくと、心はわくわくと躍動し、うきうきしながら帰ることになります。

自分の労苦に満足を見出す

「いただきます！」

目の前にある一膳の白ごはん。何も考えずに食べ始めることもできます。でも、ここに至るには農家が種もみから育て、田植えをし、おいしいお米になるように汗水を流したドラマがありました。農家が頑張っても、適度な日照、適度な雨がなければ収穫は厳しいわけで、自然環境を守り導く神の働きがありました。

収穫後、お米を運ぶ車があり、お店に並べられ、買ったあとに、お米を研ぎ、おいしいごはんが炊けるように望む心がありました。一膳の白ごはんが自分の前に来るまでに神の手、人の手など、さまざまな手を経ています。そんなドラマに思いをはせながら食べると、「おっ！ なんだかいつもより味わい深い」……そう感じるのはわたしだけではないはずです。

「人には、食べたり飲んだりして、自分の労苦に満足を見出すことよりほかに、何も良いことがない。」（旧約聖書・伝道者の書2章24節）

大昔の点滴もない時代なら、食べること、飲むことができるかは死活問題でした。先の白ごはんに限らず、何を食べ、飲むにしても、そこに至るまでに神の恵みと人のドラマがあって、わたしたちは生かされています。

料理をしていて思うことですが、自分なりにこだわって納得できた料理が、必ずしも相手の舌に合うとは限りません。音楽の世界でも、聴衆から拍手をもらいたいと思ってベストを尽くした演奏をしても、拍手をもらえるかは別問題です。料理も演奏も、好みに違いがある以上、自己ベストが相手に届くとは限りません。

前述の聖書の言葉には、人にとって良いことは、飲食以外に、「自分の労苦に満足を見出すこと」が挙げられています。他人の高評価に満足を見出すのでなく、自分の労苦に満足を見出すようにと告げているのです。

牧師を始めて間もない頃、良い牧師と言ってもらえることを求めて、心を尽くして仕えていました。良い説教者と言われることを求めて、説教の準備をしていました。相手に喜んでもらえたことや必要に届いたこともあります。でも、いつもがそうではありませんでした。その人の必要はその人でなければわからないゆえ、どれだけおもんぱかっても届かないことがありました。相手が求める量や時間を提供できないこともありました。相手の賞賛、拍手を求めれば求めるほど、苦しくなる自分がいました。

そんな中で「自分の労苦に満足を見出す」という前述の言葉に出会いました。賞賛や拍手がなくても、今日自分がしたことに満足すればいい。そのことに気づかされて、重圧から解放されていく自分がいました。

食べて、飲んで、自分の労苦に満足を見出す……人生の喜びは、すぐ手に届くところにあります。でも、それに気づくことができるのも神の恵みなのです。

疲れて動けないわたしはダメ？

すがすがしく晴れ渡った心地よい朝。

「さあ今日の仕事に取りかかろう！」と頭ではそう思っても、「いやいや、しんどいよ〜」と体が訴えることがあります。思い返してみると、前の晩は根を詰めて遅くまでかけ、仕事をやり遂げたところでした。いくら気持ちの良い朝でも、体は悲鳴をあげていたのです。

人として生きる以上、疲れを覚え、体力に限界を感じます。それはオリンピックの出場選手であろうと、闘病中でベッドに横たわっている人であろうと同様で、それぞれの置かれたところで、頭は「やろう！」と思っても体が動かないことがあります。

体が思うように動かないとき、自分の身体を呪うこともできます。「だからお前はダメなんだ」と自罰的になる気持ちもわからなくもありません。

先日読んだ本の中で、「絶望したのはあなたなりに一生懸命取り組んだからだ」という内容のものがあり、ハッとさせられました。身体的に疲れ、自分の肉体がどうにも動かないと、絶望にも似た感情を持つかもしれません。でも、そこに至るまでにその人なりの一生懸命があったはずです。「体が思うように動かない自分はダメだ」と言うこともできますが、「体が思うように動かないほど、自分なりにベストを尽くしたんだ」と言うこともできます。後者のほうが、慰めと支えを感じられると思うのです。

「ことばは人となって、私たちの間に住まわれた。」（新約聖書・ヨハネの福音書1章14節）「ことば」とはイエス・キリストを指しています。イエス・キリストは神であったのに人となったことを、この箇所は伝えます。

そのイエスがあるとき、「旅の疲れから、その井戸の傍らに、ただ座っておられた」と、同じ書の4章6節には書いてあります。

「疲れて、ただ座っているわたしはなんとダメなんだ」とキリストが考えているとは思えません。できないことは何一つない神が、限界を抱えた肉体を持つ人となりました。ここに至るまで自分のベストを尽くせたことを感謝し、未解決の課題があったにしても、すべてを父なる神にゆだね、疲れた自分を責めることなく神の平和を味わっていたように思えてなりません。

話を冒頭の朝の続きに戻します。ゆったりと自分の身体の疲れを味わいながら、まずは昨晩、やり遂げた仕事を感謝しました。続いて、今日や明日のスケジュールをチェックします。休息や睡眠をどう確保し、急ぎの仕事、先延ばしできる仕事を整理しながら今日の仕事内容を自分の体調に合ったものに調整していきます。そうしていく中で、体もリラックスしてきて、スムーズにその日の仕事を始めることができました。

突き刺さった言葉の矢を抜く

ドテッ

思わず転んでしまった幼い日。膝をすりむいて激しく泣いたことがしばしばあります。それはケガが痛くて泣いただけでなく、誰かに見てもらいたい、わかってもらいたい。そんな叫びだったように思います。そんなとき、家族やご近所さん、友達なり誰かが寄り添ってくれると、立ち上がり泣き止むことができたことを思い出します。

数十年が過ぎ、現在……。

「お前みたいのは牧師なんて辞めちまえよ！」

そんな言葉を浴びせられることがあります。グサッと言葉の矢が突き刺さり、相手が謝ってきたらこちらの気も晴れるような思いにもなります。まぁでも経験上、謝る人はすぐに謝りますが、謝らない人を謝らせようとするほうが骨折り損のくたびれ儲けになりがちです。

なので、まずは刺さった言葉の矢を抜くこと。言葉の矢は、当人が言ったのは一度きりでも、言われたほうの脳内再生は何千回と繰り返されることがあります。こうなると、発言者への対処よりも、リピート再生をする自分自身をストップさせる必要があります。

そんなとき、神さまに自分の正直な気持ちを打ち明けます。時には信仰の友に聞いてもらうこともあります。一説によると「話す」の語源は「放す」だと言われます。話す中で、自分の中のわだかまりを手放せていきます。そして悲しかったなぁと、しばし悲しみに暮れることにしています。そんなわけで、誰かにかまってもらって泣くことにしていますから、結局、やっていることは幼いときと同じです。主イエスが「向きを変えて子どもたちのようにならなければ、決して天の御国に入れません」（新約聖書・マタイの福音書18章3節）と語っているように、子どものようであることで苦々しさとお別れしています。

わたしが人生で握る言葉は「牧師なんて辞めちまえよ！」ではありません。批判には誠実に耳を傾け、改善もしていきたいですが、人生を支え生涯握っていく言葉ではないのです。握るべき言葉は聖書の中にあります。認めてほしい、わかってほしい気持ちがあるなら、「あなたはわたしの愛する子。わたしはあなたを喜ぶ」(新約聖書・マルコの福音書1章11節)と口ずさみ、しっかりと味わっていきます。すると言葉の矢は抜け、リピートは収まり、深い平安と自由を体感します。

誰かの放った言葉の矢が刺さったまま、脳内でリピートされていませんか。刺さった矢は抜くことができます。食べ物を選ぶように、心を満たす言葉も選ぶことができるのです。何を食べ続けるかで栄養状態、体調が次第に変わっていくように、聖書にある神のことばを口ずさみ続けると、心を駆けめぐる言葉も変わっていきます。泣いて、話して(放して)、神のことばを口にする中で、自由とすがすがしさを味わうことが始まります。

ムカつくことすら真実

「あまりにムカっとしたんで、好き勝手なことを言う父を蹴り倒そうかと思いました。」介護に奮闘中のなぎささんがそう語りかけてきます。

「もちろん、蹴りませんよ。でも、ホントにわかってもらえなくて。クリスチャンなのに自分には愛がなくて、ダメだなぁって思います。そもそも親にムカつくことを口にしているだけで罪深いなぁって。」

それを聞いたわたしはこう答えました。

「うーん、ムカついたのは事実なんですから。自分の気持ちに嘘をつくよりも、自分の内側にある真実な気持ちを正直に語るって大事なことだなって。だから今なぎささんの真実な気持ちを伝えてくださること、とても尊いことだと思うんです。」

「はぁ……」と、なぎささんは納得のいかない様子。

「なぎささんは一生懸命、今できるベストを尽くしてお父さんの介護してきたわけですよね。真剣だからこそムカついたんじゃないですか。そもそもいい加減だったら、なぎささんも適当に受け流せたかもしれない。そんな中で蹴りたい気持ちをこらえて、どれだけお父さんに心から仕えようとしているか。だからわたしはなぎささんを裁いたり、見下したりしません。むしろ親を大切にしようとする姿勢にすがすがしいものを感じています。」

それを聞いたなぎささんの表情がとてもホッとしたものになりました。

年老いた親を支えることに感謝できない事例にいくつも出会ってきました。その中には愚痴ることすら罪深いと思うゆえに、親に仕えれば仕えるほど、自己嫌悪が深まっていく人もいたりします。

「あなたがたは偽りを捨て、それぞれ隣人に対して真実を語りなさい。私たちは互いに、からだの一部分なのです。」（新約聖書・エペソ人への手紙4章25節）

この聖書箇所が伝えるのは、偽りを捨て、真実を語ることです。感謝できてないのにいい人ぶって感謝するような偽りは捨てたらいいのです。聖書の語る真実を大切にすることは言うまでもありませんが、それだけでなくムカついたという自分の中に起こった真実をも大切にしたいのです。もちろん、なぎささんの場合、直接お父様にムカついた気持ちを伝えることは難しいでしょう。しかし、信仰者として弱くてカッコ悪い真実な自分を、安心して開示できる誰かに語ることは聖書が勧めていることなのです。

弱くていいんです。できなくていい。暴力をふるいたくなる衝動もある自分。でも、そんなわたしたちを主なる神は愛し、受け入れてくださいます。いい人ぶるより、弱くてもろいままの自分をしっかり抱きしめていきたいのです。弱いまんま自分を、安心して語れる人に語っていく。そんなプロセスを経て、誰かの弱さをも受け入れていける強さが培われていきます。いい人であるより、自分の弱さに正直なクリスチャンであれたらと願います。

休みに徹し 解放されていく道

日曜日の朝。ゆっくりと目覚めたあと、テーブルにつきます。前日に準備した朝食があるから、調理の必要もありません。何気なく毎日している朝食づくりだけれど、準備が要らないのはありがたい。

食後、礼拝へ向かいます。先週思い悩んだこと、傷ついたこと、全部を神さまにゆだねていきます。わたしが一日にできることは限られているのに、あれもこれもやろうとし、できもしないことまでやろうとして思い悩む自分がいます。

それら一切を神さまに背負っていただくのが礼拝の朝。傷ついた自分と共に悲しむ主イエスに出会い、その傷を十字架での打ち傷で共に痛んでくださり、やがて癒やされていくことを信頼していきます。このことは誰にお願いしようかと思い悩む必要もなく、全能の父なる神にゆだねればいい、というのは実に幸いなことだと思わされます。

「あなたには、わたし以外に、ほかの神があってはならない」（旧約聖書・出エジプト記20章3節）とは、十戒の一つ目の戒めです。ほかの神があってはならないって心が狭いと、非難する人もあるでしょう。とはいえ、この神は全能なのですから、何でもできるのです。だから、もはやほかの神を探す必要はないという解放宣言なのです。それは、最愛の人と結婚したら、他のパートナーを探す必要がないのに似ています。人生の重荷も傷ついたことも全部この神に任せればいいのです。

「安息日を覚えて、これを聖なるものとせよ。六日間働いて、あなたのすべての仕事をせよ。七日目は、あなたの神、主の安息である。あなたはいかなる仕事もしてはならない」（同8〜10節）も十戒にある戒めです。週に一度の礼拝は安息日として守らなければならない、というよりも、労働から解放される日なのです。

すべてのクリスチャン、また教会ができているとは言えませんが、仕事だけでなく一食だけでも食事の準備からも自由になるなら、それに越したことはありません。六日間頑張って背負ってきたものを下ろし、神にゆったりとゆだねていく日です。またゆだね切れないわたしたちが軌道修正していく日とも言えます。

以前、イエス・キリストを信じ、洗礼を受けようとする人に、「クリスチャンになったら、どんな戒めを守らなければならないのですか?」と問われました。「守らねばならぬもの、自分を縛る戒めとして聖書を読むのでなく、イエスさまについていきながら解放されていく道として聖書を読んでいってください」と答えたことがあります。

週に一日、すべてを放り出して休みに徹していいんです。神はそれを望んでいます。そのようなライフスタイルに理解を求め、誠意を尽くしても、休みに徹するあなたを厳しい目で見る人がいるかもしれません。そうであったとしても、全能の神はあなたの味方です。

第2章　祈りの散歩道

そんなこと祈っていいの？

「キリスト教のお祈りってどうするんですか？」

「ん？　どういうところに戸惑ってます？」

「神道だと神棚に向かって祈るし、仏教だと仏壇に向かって祈りますけど、キリスト教の場合、十字架に向かって祈っているかというとそうでもないですよね。具体的に見える何かに向かってないんで戸惑うんです」

「なるほど。見えない神さまが目の前におられることを思い描いて、神さまが耳を傾けておられることを意識しながら祈りを言葉にするといいですよ」

「じゃあ、どういう言葉で祈ったらいいんですか？　自由に祈っていい、って言われるとかえって何を祈っていいか、わからなくなって……」

そんなやりとりの中、旧約聖書の中にある詩篇を祈ることを次のようにお勧めしました。詩篇はイエスさまも祈り、イエスさまの弟子たちも祈った祈りです。

主よ　立ち上がってください。
私の神よ　お救いください。
あなたは私のすべての敵の頬を打ち
悪しき者の歯を砕いてくださいます。（詩篇3篇7節）

憎たらしい人の頬が打たれ、歯が砕けている惨状を思い描くとなんとも過激な祈りです。「そんな暴力的な祈り、祈れません」とおっしゃる方もあるでしょう。とはいえ、この言葉も含め詩篇は神からの言葉であるとともに神への言葉、祈りの言葉なのです。むしろ、わたしはこの詩篇を祈ります。腹立たしいときに、はらわたが煮えくり返ったときに。今までの経験で、そう祈ったからと言って、実際に歯が砕かれた人には出会ったことがありません。ただ、この言葉を祈り続けると気づくんです。「あぁ、多少なりとも、自分にこういう復讐《ふくしゅう》心ってあるよなぁ。復讐は自分がするんじゃなくて、復讐心も含めすべてを神さまにゆだねていくのが祈りなんだなぁ」と。詩篇の祈りに自分の気持ちを乗せて祈る中で相手への復讐心が吐き出されていき、すっきりして神さまにゆだねていけます。それだけでなく、自分の身勝手さ、汚さもよく見えてきます。そんな祈りを温かく受け止めておられる神さまが、自分の目の前にもおられることに意識が向けられていきます。

お祈りは、かっこつけるものでなく、むしろ自分の汚さに気づき、かっこ悪いまま、神の前に出て行くものです。泥んこになった子どもを笑って受けとめ、きれいに洗ってくれる親のように神はわたしたちを受け入れてくださいます。そんな神さまが目の前におられることを意識する中で、祈りは深まっていきます。正直な気持ちを注ぎ出す詩篇の言葉を祈ることは、かっこつけないまま神の前に出られるように、わたしたちを整え、運んでいくのです。

自由に自分の言葉で祈るのも良いですが、それだけでなく祈りの言葉を聖書の中から見つけて、神さまの温かいふところに飛び込む――そんな祈りの道もあります。

「こっち見て！」と呼んでいい

「ママ、こっち見て！」

スーパーマーケットで幼児の声が響きます。数分後、「ママー、こっち見て！」同じ子の声が聴こえてきました。さきほどと同様、ママはその子のほうを向いている様子。それでもさらに数分後、その子は「ママーッ、こっち見て！」と言っています。

イエス・キリストは三十過ぎになっても、父なる神に向かって「アッバ」という幼児が父親を呼ぶ幼児語で語りかけました。クリスチャンも同様に、父なる神に向かって「アッバ」と幼児のように呼びかけることができます。幾度も幾度もママを呼び続けるまっすぐな声に、あんなふうに「アッバ」を呼び続けていいんだとハッとさせられました。

以前、教会で幼児どうしのケンカがありました。激しく言い合い、手も出ていました。泣かされた子はお母さんの胸に飛び込んで、泣きじゃくっていました。あらあら……と思って見ていたのもつかの間、大ゲンカしていた子と手をつないで遊び始めました。

心理学者の河合隼雄さんは「子どもはゆるす天才」と言ったそうです。大人になると、子どものように仲直りするのが難しくなります。そのくせ、死ぬ前に後悔することが多いのが「あの人と仲直りしておけばよかった」というのですから、仲直りは人生の大きな課題でもあります。

仲直りを考えるうえで、父なる神とわたしたち人間の関係を描写した主イエスによるたとえ話を紹介します。このたとえの中で、存命の父親に向かって、もう死んだことにして財産を分けてくれ！と伝えた息子が登場します。

父親はそんな息子に気前よく財産を渡すのです。もらった財産を手に息子は故郷を離れ、全財産を使い尽くします。極貧の生活を強いられることになった息子は自分の的外れな人生を認め、父のもとに帰ることにします。そして「まだ家までは遠かったのに、父親は彼を見つけて、かわいそうに思い、駆け寄って彼の首を抱き、口づけした」（新約聖書・ルカの福音書15章20節)。父の財産を浪費し尽くしたわが子を赦し、抱きしめるのです。

三十過ぎのイエスが「アッバ」と呼び続けた模範からもわかるように、わたしたちはいくつになっても父なる神に「アッバ、こっち見て！」と呼び続けていいのです。そして、わたしたちの叫ぶ声を聴き、微笑んで駆け寄る神を思い描きたいのです。悲しい時には神のふところに飛び込んで思いっきり泣いていいのです。どんな失敗があったとしてもアッバはあなたを全く赦し、抱きしめています。

神のふところですっきりするまで泣いて、自分が赦され抱きしめられていることを味わいましょう。また神がどんな損失も必ずプラスに変えてくださると信じていきましょう。そうする中で、相手を赦し、仲直りを求めることはスムーズになります。そのときのあなたの表情は、親のふところで思いっきり泣いてすっきりしたあと、ケンカした友達と手をつないだあの幼児の表情にきっと近づいているはずです。幼児は和解とは何かを大人に教える教師として神さまから贈られていると、しみじみ思うのです。

「やってられるか!」

夕暮れどき、キョロキョロと周囲を見渡しながら、男は言いました。

「今日もちゃんと畑仕事をした。誰にも文句は言わせない。」

片づけを済ませ、家に戻ろうとすると、自分の家からドンドコドコドコと太鼓の音が鳴り響き、談笑し、楽しくうたう歌や踊りのステップが聴こえてきます。

雇い人の一人が家から出てきたので「おい、これはいったい何事か?」と尋ねると、ニコニコしながら、「弟さん、帰ってきましたよ。『息子が無事帰ってきた』とお父さまは大喜びで、肥えた子牛を屠《ほふ》って宴会をしてるんです。」

「はぁ?」

ガシャッと農具を投げ捨て
「こんな家、帰ってられるか!」

男は家に入ろうともしません。

それを知った父が出てきました。

「父さん！　わたしは父さんの言いつけを全部守ってきました。それなのに、父さんはわたしに子牛よりも安い子ヤギ一匹すら下さらない。でも、父さんの財産を無駄遣いして使い潰した弟には子牛を屠るのですか！」


この物語は、父なる神と人との関係について、キリストが語ったたとえを脚色したもので、前項で描いた帰ってきた息子の話の続きです。

「やってられるか！」と思いたくなることがあります。自分なりに正しい道を歩んできたと自負しているところに、とてもいい加減に生きてきた人が特別扱いされると、はらわたが煮えくり返ることがあります。

ぶっちゃけ、自分こそ特別扱いされたかったのです。

父はこのあと、兄にこう語りかけます。

「子よ、おまえはいつも私と一緒にいる。私のものは全部おまえのものだ。」（ルカの福音書15章31節）

おまえと
いっしょに
いたではないか……

実は、兄も特別扱いされていたのです。父なる神のものは全部この兄のものでした。でも、どんな美しい風景も目を閉じれば見えないように、兄は神の恵みに心を閉ざしたままでした。

わたしも牧師として、「どうしてあの牧師は特別扱いされるのか！」と思い、「やってられるか」と自分の仕事道具を投げ出したくなることがあります。でも、神はそんなわたしを見捨てずにやってきて、「わたしのものは全部おまえのものだ」と、いつだって語りかけてくださいます。

欲しいものがあるなら、大胆に神に祈り求めればいいのです。以前、わたしのパソコンが故障しましたが、祈ると、親友がただでパソコンをプレゼントしてくれました。もちろん、祈ってすぐに何でも与えられるわけでもありませんが……。

お金もわずか。技術も体力も心もとない。でも心を込めてやった自分の精いっぱいを感謝していくとき、深い充足感を味わいます。キョロキョロと他人の目を気にするより、神がわたしに与えたものを感謝をもって生かし切ろうとするなら、「ああ、神さまはわたしに必要なものは全部与えておられるのだ」と驚く毎日が確かにあります。

人の足を洗うスーパースター

ちゃぷ、ちゃぷ

たらいの中の水が揺れる音。たらいはコンと音を立てて、床に置かれます。非の打ちどころのないスーパースターは微笑みかけながら、わたしの前にひざをつき、手ぬぐいで、わたしの足を洗おうとします。

スーパースター……それはイエス・キリストのこと。キリストがわたしの足をきれいに洗う場面をしばしば思いめぐらします。

「キリストに足を洗ってもらう姿を思い描くなんて、なんて傲慢なんですか！」と突っ込む人もいるかもしれませんが、聖書にこんな記述があります。

ペテロはイエスに言った。「決して私の足を洗わないでください。」イエスは答え

られた。「わたしがあなたを洗わなければ、あなたはわたしと関係ないことになります。」（ヨハネの福音書13章8節）

キリストの直弟子であるペテロは、自分の足をイエスが洗うのを辞退しようとしました。ペテロの発言は赤ちゃんが親に「わたしのオムツを替えないでください」と言うのに近いかもしれません。親はわが子を愛するからこそ、からだをきれいにし、オムツを替えます。赤ちゃんがオムツ交換を辞退するからと、親も承諾して交換を以後しないなら、それこそ「あなたはわたしと関係ないことになります」。

キリストは親密なつながりを求めています。とはいえ、足を洗われていることを思いめぐらすと、とてもむずかゆいのです。とてつもなく畏れ多いと感じ、卒倒しそうです。でも、キリストはためらわず、わたしの足をきれいにしてくださいます。

キリストに限らず、みなさんがあこがれのスーパースターに会えるなら、きれいな格好をして、失礼のないようにするでしょう。あこがれの人に自分の汚れなんて見せられない！　ときっと思うでしょう。そのあこがれの人に汗と汚れのついた足、多少なりとも臭うかもしれない足を差し出し、指の間の汚れから、爪にはさまった汚れまできれいにしてもらえるのは、あまりに畏れ多いことです。

疲れたとき、誰かを責め立てたくなるとき、キリストに足を洗われていることを思いめぐらします。わたしも汚《けが》れがある人間で、その汚れを神として崇《あが》めているキリストにぬぐってもらえることに打ち震えます。ダメなわたしも神に受け入れられたのだと思うたびに心底ホッとします。自分も神に受け入れられたのだから、あの人を赦そうと思えてきます。これだけ受け入れてくださる神がいるなら、人生はだいじょうぶと思えてきます。

今、あなたが自分の足もとに目を落とすと、目には見えなくてもそこにはキリストがいて、あなたの足を洗おうとしています。「洗ってください。お願いします」と、洗足を自分の体験としてしばし思いめぐらしてみませんか。「あぁ、神に愛されているんだ」という実感をさらに深く味わうことになります。

赤ちゃんのようであっていい

「今の職場がものすごくストレスで……」

しのぶさんがそう話してきました。対人関係のストレスで、歯をグッとかみしめることも多く、そのせいか肩こりもひどいとのこと。ひとしきり話を伺ったあと、「詩篇を祈ってみませんか？」と伝えてみました。

「詩篇ですか？」

しのぶさんはびっくりした様子。

「こんな詩篇があるんです。

神よ、私の祈りを耳に入れ
私の切なる願いに　耳を閉ざさないでください。

私をみこころに留め　私に答えてください。

私は悲嘆に暮れ　泣き叫んでいます。（詩篇55篇1～2節）

母乳が欲しくて火が付いたように泣き叫ぶ赤ちゃんのように、この詩篇の言葉に対人関係の苦しさを乗せて、神さまに訴えかけてほしいのです。」

「はぁ……。」

「しのぶさんは、神さまの前で、赤ちゃんのようであっていいんです。赤ちゃんのように泣き叫ぶ。そしてね、神さまがしのぶさんを抱き上げて、『だいじょうぶ、だいじょうぶ』と言ってあやしてくださる。そんな情景を思い描いてみるのです。」

「へぇ～。そんなふうに…」

「この詩篇の続きに『私が神を呼ぶと／主は私を救ってくださる』（16節）とか『あなたの重荷を主にゆだねよ。／主があなたを支えてくださる』（22節）とあります。それって、いわば激しく泣いては親に抱き上げられ、あやしてもらって、母乳をもらって満腹して……、『ああ、もうだいじょうぶだぁ』と思っているようなものなんです。そうやって、神さまに泣き叫んでは抱きしめられる手ごたえを、自分の思いを詩篇に乗せて祈る中で味わってほしいんです。」

「なるほど。うーん、言ってることはわかるんですけど、火が付いたように泣き叫んで神さまに祈るなんてやっていいんですか。もっと静かに上品に祈るものじゃないかと」

「胸の内がすっきりするまで、感情を吐き出して祈ってください。幼児が親に怒りや悲しみを正直にぶつけるように。」

「じゃあ、やってみます。」

一週間ほどして、しのぶさんと会うことになりました。

「なんかちょっとわかった気がします。きれいごとじゃなくて本音で祈っていいし、その本音を神さまは受け止めてくださるんですね。職場の状況は全然変わらないですけど、神さまに重荷をゆだねたら、きっと支えてくださるって確信が持てるようになってきました。職場にお願いして有給休暇もとれたので、体と心を休ませながら、職場での向き合い方を聖書に聞いていきたいと思います。」

しのぶさんのすがすがしい笑顔を見て、ホッとした気持ちになりました。

第3章　人生の夜に灯るあかり

失笑も真実な笑いに

「ホテルに泊まると眠りが浅くて、翌日がしんどいのです。」

そんな悩みを聞くことがありました。本人は寝るのに必死になっていて、ホテルを少しでも自宅らしく感じられるよう、家族写真を飾ったり、好きな絵を飾ったり、枕元に小さな音で好きな音楽をかけ続けたり、あれやこれやチャレンジし続けているのですが一向に効果がなく、頻回に目が覚めるとのこと。

「それだけ苦労していると大変ですね。でも、突然、神さまが眠れるようにしてくださることもあるかもですよ」と語りかけると、フッと鼻で笑いながら、こう言い返されました
「いやいや、これだけ頑張ったんです。もう無理だってあきらめています。」

聖書にアブラハムとサラという夫婦が出てきます。妻サラはすでに閉経し妊娠は期待できない中にありました。しかし神は、サラが男の子を生むことを告げます。そのとき

のアブラハムの心境は次のようであったことが記されています。

「アブラハムはひれ伏して、笑った。そして心の中で言った。『百歳の者に子が生まれるだろうか。サラにしても、九十歳の女が子を産めるだろうか。』」（旧約聖書・創世記17章17節）

アブラハムはそんなの無理だと言わんばかりに失笑しました。しかし紆余曲折《うよきょくせつ》を経て、サラは男の子イサク（＝「彼は笑う」の意）を生みます。神は失笑を笑いに変える方なのです。

ホテルでよく眠れない友人は、その後、仕事内容が変わったため、人前でしゃべらないといけなくなりましたが、緊張してとちってしまうことが続きました。それで、仕事でミスしないように、本番前に二つのことをするようにしました。一つは、焦ったり気負い過ぎたりせず、自分をクールダウンさせること。もう一つは、緊張している自分が何を必要としているのか、本番前にチェックするようにしたそうです。「わかってほしい」「信頼されたい」「貢献したい」など自分の気持ちに気づいたあと、ゆったりと「神さま、お願いしま〜す」とそれらをゆだねることにしたら、本番のミスが減っていったとのことでした。

その後、「これってホテルで寝るときにも応用できるかも……」と思って、寝る前に自分をクールダウンさせようとしたら気づいたそうです。ホテルだと家族がいないから、寝るまでにあの仕事もこの仕事もできるとガンガンやっていて興奮状態になっていたことに。一人でホテルにいるとさびしくて親密さを求めているから、むしろゆっくりと神さまと交わる時間を持ち、家族には自分の気持ちを伝えるメールを書くことで心も落ち着いてきて、次第にホテルで安眠できるようになったというのです。ホテルでの安眠は無理だと笑っていたのが、そんな過去をも笑い、ホテルで笑って過ごせるようになりました。

この人だけの話ではありません。神はあなたの失笑も真実な笑いに変えてくださいます。

苦い経験をするのはなぜ？

パチッ！　パチッパチッ!!

コーヒーを生豆から焙煎するときのはぜる音です。パチッ！のあと、しばし無音になり、そのあとピチピチッ！に音が代わります。あとになればなるほど苦みが増すので、音を聞きながら焙煎をやめるタイミングを決めます。焙煎後、三日以上寝かせて、ゴリゴリと豆を挽いてコーヒーを淹れる……。わたしのささやかな趣味の一つです。

小学生のとき、初めてコーヒーを飲みました。「うぇ～、苦い！　大人はなんでこんなのを飲んでるんだ？」と思いました。それから時が過ぎ、今では苦みだけでなく、酸味、コク、甘み、香り、いろんな要素が詰まった一杯を楽しんでいます。

コーヒーをはじめ、神はこの世界にたくさんの植物をお造りになったので、それら大地の実りを味わうことができます。実に素晴らしい世界を神さまはお造りになったと思うのです。とはいえ、豪雨、噴火、地震など、神が造った自然は、美しかったり、心地良かったりするだけでなく、脅威ともなり、わたしたちの生活を苦しめることがあります。

神は見事な大自然をお造りになる愛のお方なのに、どうして苦しみを完全に取り除かないのだろう？　と思いたくもなります。聖書を読むと、父なる神はこの世界をお造りになったとともに、この世界に神のひとり子イエス・キリストを送って、そのキリストが十字架で死んだことが描かれています。ひとり息子の死という、親としてはとてつもない苦痛を神は体験されたのです。

神は産みの苦しみという道を通そうとします。それは父なる神も通り、イエスさまも通りました。聖書に描かれている神に従う一人ひとりが通りましたし、母が子を産むときにも、産みの苦しみを通らせられます。心地良さだけを与えないのが神だなぁと思うのです。

大学生のときに、阪神淡路大震災でわたしが住んでいたアパートは全壊しました。苦い体験です。震災後の二十数年間、ふがいない自分に向き合う中、あの人が生き残っ

ついには　あなたを
幸せにするため…

て、わたしが死んでいたほうが良かったのかなと幾度も思わざるを得ないときがありました。でも神はわたしが生き残るようにしました。だからこそ、自分が生かされていることへの畏れや厳粛さがあり、一日一日の尊さを感じます。そんな経験もあり、二〇一六年に震度7の熊本地震があったときには翌日に車いっぱいに物資を積んでかけつけました。なぜ神が造った世界に苦しみがあるのか、完全にはわかりません。しかし、苦しみを通して、生かされている不思議さ、かけがえのなさに気づき、他者の痛みへの共感が生み出されています。コーヒーが焙煎されて味が深まるように、火のような苦しみを通して、神は、苦みだけでなく、甘みやコクや芳醇な香りを放つようにしてくださっているようにも思えてならないのです。

「それは、あなたを苦しめ、あなたを試し、ついにはあなたを幸せにするためだったのである。」（旧約聖書・申命記8章16節）

苦しみそのものがつらいのは否めません。でも同時に、人生を味わい深くするための、幸せへの通り道のように思うのです。

失敗をプラスに変えるために

「しまった！　寝坊した！」

朝起きて、時計を見て、青ざめました。二十代の前半、配送助手のアルバイトをしていたときのこと。あまりに慌てふためいて職場に連絡することも忘れたまま、職場へ直行。到着したのは始業十五分後で、配送トラックはすでに出発していました。社長が「寝坊したり、失敗したりすることは誰でもあることだから、失敗後どうするかだよ。こういう場合はすぐに電話しなさい」と厳しくもやさしく語りかけてくださいました。

失敗した後、どうするのか？　聖書に描かれる最初の二人の人物であるアダムとエバは、食べてはならないと神から言われた善悪の知識の木の実を食べてしまいます。すると二人は恥ずかしさを知り、恥部を隠し、身を隠すのですが、神から呼ばれます。

アダムは「私のそばにいるようにとあなたが与えてくださったこの女が、あの木から取って私にくれたので、私は食べたのです」(創世記3章12節)と答えます。あたかも、わたしは悪くないですよ。この人が取ってくれたから食べたんであって、この女はあなたがそばにいるようにした人じゃないですか、という態度です。

エバも「蛇が私を惑わしたのです。それで私は食べました」(同13節)と答えます。わたしは悪くないですよ。惑わした蛇が悪いんです、と言わんばかりです。その結果、二人は、楽園から追放されることになります。

「食べるなと言われた実をわたしは食べました」と素直に言えれば良かったのに、隠したり、隠れたり、わたしよりもアイツが悪いんですと言ってしまいやすい人間の姿を、この聖書箇所はありありと描いています。

イエス・キリストは十字架上で「父よ、彼らをお赦しください。彼らは、自分が何をしているのかが分かっていないのです」(ルカの福音書23章34節)と祈りました。失敗しても素直になれないわたしたちのために「赦してやってください」と、何も悪いことをしていないキリストが懇願し、頭を下げておられるのです。このキリストを思いめぐらし、味わっていくなら、今よりももっと素直に自分の失敗を認めることができるでしょう。

前述の朝寝坊のエピソードの続きですが、社長は「俺の車に乗れ。今ならまだ間に合う」とトラックまで送り届けてくださいました。わたしのミスなのに、奔走してくださる社長の姿を思い出すと、今でも胸が熱くなります。

この社長だけではありません。神はいつもわたしの失敗の尻ぬぐいのために奔走し、すべてをプラスに変えようとし続けておられるのです。そのことを思うと心が震えます。だからこそ、失敗後には、少しでもより素直に、誠実に、適切に歩めたらと思うのです。

失敗した自分をも喜ぶ

「仕事内容に対し文句を言われたとします。自分の仕事に何点つけますか?」

「文句を言われたら、0点に決まっているでしょ。」

鹿児島刑務所で入所間もない人に、教誨師《きょうかいし》として指導していたときにあったやりとりです。

「うーん、そうですかぁ。じゃあ、これはわたしの価値観であって、聞き入れる必要はないし、一つの情報としてでも聞いてほしいんだけれど……。世の中にはいろんな文句があります。99点の出来栄えなのに1点に対してひどい文句を言う人がいます。99点取れているのに、0点にするのはもったいなくないですか。50点はできていて、50点分の文句なのに0点にするのはもったいなくないですか。99点なら99点取れたことを喜んで、あと1点どうしたらアップできるか考えればいい。50点取れたことを喜んで、あと

50点どうやったらアップできるか、まず5点アップ、10点アップするにはどうしたらいいかを考えていったらいいと思うのです。それなのに、文句があったからと0点にするのは悲しいかなと思うんです。」

入所間もない彼が気恥ずかしそうに、「そうだな」とうなずいた姿が印象的でした。

「一日の計は朝にあり、一年の計は元旦にあり」と言います。一日の始まりであったり、元旦であったりと、わたしたちは計画を立てるものです。

そして何かしら、計画を立ててスタートするのは百点満点の状態というより、どこか欠けていると思えるからでしょう。とはいえ、0点でもないと思います。始めようとする気持ちや多少の元気はあるわけですから。

「私の兄弟たち、主にあって喜びなさい。私は、また同じことをいくつか書きますが、これは私にとって面倒なことではなく、あなたがたの安全のためにもなります。」

（新約聖書・ピリピ人への手紙3・1）

今の自分に何点つけようとも、その自分を喜びませんか。それは安全のためにもなると聖書は告げます。何かをスタートする際、目を閉じ、その計画を実行する上で前提となる「自分にできること」を思いめぐらしてみましょう。主なる神があなたにある程度の元気や能力や環境を与えなければできないはずのことができるのですから、主にあって喜ぶのです。思いめぐらすと、わたしの心は温まります。スタートする前から温まり、そして踏み出して実行できたなら、小さな一歩も喜びます。

スタートしたら、ときに中断もあり、挫折、失敗することもあります。悲しみは悲しみとして嘆きたい。しかし、スタートしたからこその中断であり、挫折であり失敗なのです。「失敗は成功のもと」「失敗は発明の母」と言います。掃除機で大成功したダイソンは五一二六回の失敗ののち、ヒット商品にたどり着きました。失敗を悲しむだけではもったいない。喜びましょう。それはあなたにとって安全なことなのですから。

間違えてもいいんです

「レッスンなんだから、間違えてもいいんですよ」

オカリナを習いに来た人たちに、わたしはよく告げます。指の動かし方、息の入れ方などを言葉や演奏で説明した後、いざ実践となると、みなさん、一様に硬くなります。でも、冒頭の言葉を伝えると、ホッと安堵した表情で吹き始めます。ある人は間違えます。それでいいんです。上手に吹けるなら習いに来なくていいんですから。

大学時代、バンド活動をしていたのですが、練習では間違わないのに、本番になるとよく間違えました。なので、本番前は「神さまーっ！　間違わないようにお守りくださいッ!!」と叫ぶ思いで祈っていました。でも、本番になると大きなミスをしてしまいます。若い頃の苦い思い出です。

三十八歳のときに、今まで一度も手にしたこともないオカリナを吹くように神さまから言われたような気がしました。それに対し、「神さま、わたしは本番になると間違えるのでやりたくありません」と抵抗しましたが、紆余曲折を経て、結局、オカリナを買って始めることにしました。そうして本番を繰り返すのですが、練習でできたことを本番で間違えてしまいます。「もぉ〜、神さま、なんでですか！　だからオカリナはやりたくなかったのです！」と祈る中で、ふと気づかされたのです。大学時代以来、本番になると腕に力が入り、間違わないようにと強く思うとさらにリキんでしまい、結果、ミスしてしまう自分に。

「あなたがたが白髪になっても、わたしは背負う。わたしはそうしてきたのだ。わたしは運ぶ。背負って救い出す」（旧約聖書・イザヤ書46章4節）と聖書にあります。失敗しないようにリキむのでなく、生涯、背負い続けてくださる神さまにゆだねる大切さを知りました。

それ以降、本番前に叫ぶような思いで祈ることはなくなりました。わたしの場合、そうするとかえって緊張し、リキんでしまいます。むしろ、幼児期に親に背負われて安心した、その思いで神さまに祈ります。そうする中で緊張がほどけ、リキむことから自由

になり、ミスをすることが減っていきました。

とはいえ、減ったもののミスは今でもあります。でもその間違いは大事なメッセージだと思っています。本番前、演奏への集中力を妨げる慌ただしくなることをあえて入れてなかったか、練習量は適切だったか、できないならできるものに変更したほうが良かったのか。背負ってくださる神さまに、こうした一つひとつをゆだねながらできたのか等々。

それらを問う中で、「どうすればより良くなるのか」の気づきが与えられます。ミスしたとはいえ、自分をことさら責めることはしないようにしています。主なる神もわたしを完全に赦しておられるのですから。大切なことは、間違いから得た気づきをこれからにどう生かすかです。

間違っていいんです。間違いから学べることはいっぱいあります。そんな学びをしながら未来をつくっていきたいのです。

第4章　オカリナを吹く——自分らしく生きる

神の声？　それとも空耳？

「オカリナを吹きなさい。」

鮮烈な声が心に強く響いてきました。岸義紘というサックス奏者でもある牧師が、わたしが牧師をしている教会でコンサートをしている最中のこと。

神さまからの声？　と思いながらも、なんでサックスの演奏を聴いているのに、オカリナなんだ？　しかも一度も吹いたこともない楽器を吹くように神さまがおっしゃってる？　そんなバカな、きっと空耳だろう、と強く響いた声を聞き流すことにしました。

前回、教会での岸牧師のサックスコンサートが大変好評だったため、翌年もお願いすることとなり、いざ演奏が始まると……

「オカリナを吹きなさい。」

鮮烈な声が一年の歳月を越え、響いてきます。コンサート後、しばらく経っても、その声は心の中に響き続けました。調べてみると、オカリナは指を正確に押さえても息の強弱で音程がめまぐるしく変わる楽器とのこと。歌は音痴で音程をとることに挫折しているのに吹けるわけがない！　という思いがありつつも、「でも吹いてみたい！」という心からむくむくと湧き上がってくるものがあります。

とはいえ、経済的なこともあり「神さま、子どもの教育費のこともあります。うちにはオカリナを買うお金はありません。『オカリナを吹きなさい』は空耳ですよね」と祈ると、「それならお金はわたしが準備する！」と言い返されたような気持ちになって、「へ？　どういうこと？」と思ったのです。

翌日、信徒さんから、どうしても会ってほしい親戚がいるとのことで、一緒に訪問したところ、感謝の気持ちとして「このお金を受け取ってもらえませんか」と差し出されました。受け取ったお金は、始めるとするならこれかな、と思っていたオカリナの値段と同じ金額だったのです。「神さま、あなたがこのお金を準備してくださったのですね。ごめんなさい。買います！」と震えながら祈るしかありませんでした。それがオカリナを手にしたきっかけです。

その後、オカリナを吹く牧師として、ラジオ、テレビにも出演させていただき、小泉純一郎元総理の講演会の中で演奏することにもなり、道を拓いてくださる神さまを感じずにはいられませんでした。

「神はみこころのままに、あなたがたのうちに働いて志を立てさせ、事を行わせてくださる方です」——新約聖書のピリピ人への手紙２章13節のことばです。神さまが語ると言っても、肉声で語りかけるより、心に語りかけて、志を立てさせることが多いようです。

長年、牧師をしていますと、「神さまに語りかけられました！」と言いながら、自分の使命感を押し通し、周囲が困り果てているケースに出会ってきました。もしあなたが、神さまから語りかけられたのではないかという気がして、何かをやってみたい思いがむくむくと湧き上がってくるようなことがあったら、苦言も含めて周囲の声も大切にしてほしいと思います。じっくりと吟味する中、それが本当に神さまからの声なら、神ご自身が道を拓いてくださいます。

土の器にいのちの息を吹き込む

「小泉純一郎元総理の講演会でオカリナを吹いてもらえませんか」との依頼の電話がかかってきました。読者の中には小泉元総理の政治的立場について賛否があることでしょうし、近年の脱原発についての彼の発言にもいろんな見解があるかもしれません。わたし自身、小泉さんが政治家としてしてきたことを無批判に支持するつもりはありません。ただ、首相時代に推進した事項について引退後、間違っていたと公言し、勇気をもって方向転換する姿勢には体がふるえるような感動があります。

八百人余りを収容する鹿児島で最大級のホテルを会場に行われることを意識して、演奏の準備をしていると、「うーん、これでいいのか？」とオカリナの音色に納得ができなくなり、新しいオカリナを購入したほうがいいのではないかと悩むことになりました。とはいえ、わたしが欲しいと思っていたオカリナは職人が一本一本丁寧に作るものですので、注文しても一か月、二か月待たされることもあります。それを思うと、二か月後に控えた講演会で、新規購入のオカリナで十分な練習をして本番に臨むことができない状況でした。

そんな中で祈っていると「今使っているオカリナの特性を十分に出し切っているか」と神さまから問われたように感じ、目が開かれる思いがしたのです。それ以来、新規購入の思いは消え去り、今使っているオカリナの特性を最大限生かすことにひたすら集中することにしました。練習を繰り返す中、オカリナの鳴りや響きはしだいに芳醇なものとなってきました。本番では会場にあふれるほど集った人々を前に演奏し、好評をいただくことができました。

「神である主は、その大地のちりで人を形造り、その鼻にいのちの息を吹き込まれた。それで人は生きるものとなった。」（創世記2章7節）

聖書は、人間を大地のちりで形造られた土の器として描きます。この土の器に神が息を吹き込むことによって人は生きるものとなりました。そこに、オカリナという土からできた楽器に息を吹き込むことで楽器として生きるようになることと重なるものを感じています。わたしは望むような音色が出ないから、と安易にオカリナを替えようとしましたが、今あるオカリナでの演奏を磨き上げるようにと、神さまからチャレンジを与えられました。

対人関係も同様で、土の器である自分自身や周囲の人に納得できないことがあります。それらを否定するよりも、むしろより良いものを生み出そうと挑戦することがいかに大切かを教えられる出来事となりました。

土の器のわたしが生きているのは、神さまがいのちの息を吹き込まれたからです。神さまはわたしを通して美しい音色を奏でたいし、あの人を通して美しい音色を奏でたいのです。そしてお互いが美しいハーモニーを奏でることを望んでいます。この神の望みからズレていることに気づいたら、しなやかに軌道修正していきたいのです。

全知全能の神が後悔する？

「パパ。そのカレーライス、運ぶ」と当時三歳の娘が夕食をテーブルに運ぼうとするわたしに言ってきました。「う〜む、三歳児に一人で運ばせていいのか」と戸惑いつつ、「じゃあ、パパと一緒に運ぼう」と言って、運ぶことに。しかし、運んでいる最中に、娘はぱっと手を放し、ガッシャーン！と器は割れ、破片の混じったカレーライスは食べられなくなってしまいました。

お手伝いしたい気持ちは尊重したかったし、それもひとつの大切な経験。娘にケガがなかったのも不幸中の幸い。でも、どうするのがよかったのかなぁと困惑と悔やむ思いがありました。

聖書を読むと、神も悔やんだことが描かれます。「主も、サウルをイスラエルの王としたことを悔やまれた。」（旧約聖書・サムエル記第一15章35節）

全知全能の神、つまり、なんでも知っていてどんなことでもできる神が後悔する、というところに違和感を覚える方もあるでしょう。とはいえ、わたしも親として、牧師として、あとあと尻ぬぐいで面倒になったとしても、ここはわが子に任せてみたい、信徒に任せてみたい、その経験もすべて財産になるから、と思ってきました。

「やらずに後悔するより、やって後悔しろ」と言われたりもします。人を信じず疑ってかかるよりも、信頼して任せて悔し涙を流すほうがすがすがしいと思うのです。

「実際には、神でなく私たちが、固定した将来を必要とするものである。神はいかなる不確かさに対しても対応することがおできになる」とは哲学者フレデリック・ソンダクの言葉。

悔やむ必要のない確実で揺らぎのない将来を望んでいるのは、神というよりも人間なのです。神は、いかに悔やむ出来事に遭遇しようと対応できる全知全能の神です。

「悔やむ」も大きく分けて二種類あるようで、一つは、悔やむけれど神がバッチリ対応できるという信頼がある。もう一つは、失望してただ悔やみ続ける。神が望む「悔やむ」は前者、人のしがちな「悔やむ」は後者といえます。

メインで使っているオカリナを床に落としてしまい、割ってしまったことがあります。本番五日前に「なんてことをしてしまったんだ」と後悔しました。他のオカリナでは代用がきかない中、祈りつつネットで調べてみると、陶器用接着剤でくっつければ以前と変わらない音が出るとのこと。

「ホントかな？　だいじょうぶ？」と思いながらも慎重に接着していくと、以前と変わらぬ音がし、本番も難なく演奏ができました。結果として、「驚くばかりの恵み。アメイジング・グレイスです」と伝えながら演奏活動ができるオカリナとなりました。

悔やむ出来事をも、神は恵みで塗り替えてしまいます。そんな神がわたしたちのそばにいつもいます。

ミスも役立つことがある

「そんなことありましたっけ？」 当事者なのにすっかり忘れていることがあります。先日、広島へ行ったときのこと。

「久保木先生、二年半前の大会議のときにしてくださった『割れたオカリナ』の話。あれで場の空気が一変したんです！」

熱っぽく語られたものの、当の私は、え〜っと何のことだっけ？ と記憶をたどるばかりでした。そう言えば……と思い出したのは、その会議の冒頭で短いスピーチをしたことでした。

「先日、誤ってオカリナを落としてバラバラに割ってしまいました。でも、祈って貼り合わせて修理したら、以前と変わらない音が出て、コンサートで使用し続けています。今からわたしたちはこの会議で重要議題を決議します。意見は真っ二つに分かれています。決議次第では組織が分裂してしまう懸念もあります。でも、わたしは信じています。仮に亀裂が入りバラバラになるとしても、このオカリナのように神さまがまた一つにしてくださり、共に美しい音色を奏でていけるようになります。そうしてくださる神さまを信じて会議に臨んでいきましょう」

オカリナを吹き始めて、割ってしまったのは一回きり。重大な会議の三か月前に、わたしのミスでオカリナがバラバラに割れたものの、なんとか修復したというスピーチが議場の雰囲気を変えたと幾人もが語る出来事となり、結果として、会議は無事に終わりました。

聖書を読むと、周辺諸国が強靭《きょうじん》な王国となっていく中、イスラエルの民が王を求め、預言者サムエルに詰め寄るエピソードがあります。祈るサムエルに神はこう語ります。

「民があなたに言うことは何であれ、それを聞き入れよ。なぜなら彼らは、あなたを拒んだのではなく、わたしが王として彼らを治めることを拒んだのだから。」（サムエル記第一８章７節）

イスラエルの民が王を求めることは、神を王座から降ろすことを意味しました。けれど、神はサムエルに王政をスタートすることを聞き入れるように伝え、のちにダビデ王が即位します。それから約千年後、ダビデの家系からイエス・キリストが誕生し、キリストこそが神であり、真の王であることを新約聖書は力強く語ります。人間のミスで王政がスタートしたにもかかわらず、神はむしろダビデ王の血統を通して神が王であることを宣言したのです。

わたし自身、二年半経った後にもかかわらず、議場でのエピソードを熱っぽく語る姿に出会うと、「あの会議のために三か月前に割れた？　いやいや、あくまで、あれはわたしのミス。でも、そのミスすら恵みに変えて神さまは用いてくださるのだ」と思えてきて、自分のミスがきっかけなのに、それを上回る神の導きに対し畏敬の念で圧倒されそうでした。

ミスを悔やみ続ける必要はありません。神は人のミスも用いて偉大なことをなさるのです。

「何を今さら？」なんてない

「何を今さら？　無謀にもほどがある！」

そう自分に語りかけてしまうことがありませんか。わたし自身のことで言うなら、さして上手くないギターなのに、自分のオカリナコンサートの伴奏音源を準備できる腕前になりたいのです。すき間時間を見つけては必死に練習しているのがとてつもなく楽しい！　とはいえ、思い描いたように上達しない自分に出会うと「何を今さら？」と前述の言葉が湧き上がってきます。

そんな中、聖書を読んでいると、神がアブラハムにこのように語りかけている箇所に出会いました。

「わたしは彼女を祝福し、彼女によって必ずあなたに男の子を与える。（中略）」アブラハムはひれ伏して、笑った。そして心の中で言った。「百歳の者に子が生まれるだろ

うか。サラにしても、九十歳の女が子を産めるだろうか。」（創世記17章16、17節）

アブラハムとサラ夫妻は子どもを切望していました。「男の子を与える」と神に言われても「何を今さら？」と笑うしかない高齢者カップルです。でも、二人は思い直して、神さまからの約束を信じます。現代医学では考えられないかもしれませんが、九十歳のサラが男の子を産んだと聖書は告げます。

四十七歳（執筆当時）のわたしは、「牧師なのにオカリナ吹いているだけでも、余計なことかもしれないのに、ギターまでやろうとして、しかも上達しない。いい歳して何やってるんだ」と言いたくなるのですが、百歳と九十歳のカップルが、子が与えられると信じてチャレンジする姿勢にとても感動したのです。

「何を今さら」「いい歳して何やってるんだ」そんな言葉に支配されそうになったりします。でも、聖書を見ると、七十五歳でアブラハムは全財産を携えて旅に出ますし、モーセも八十歳から六十万人以上のイスラエルの民を導くことを始めます。そういうわけで、聖書が明らかにダメと言っていたり、誰かを傷つけていたりしていないかは注意する必要がありますが、自分の心の奥底からやりたいと湧き上がってくるなら、その道に

100
90
80
47

進んでほしいと思うんです。

先日、こんな話をしていると、人生の岐路に立つ青年から質問がありました。「それで自分の進んだ道が間違っていたら、どうするんですか？」

「間違えていたら、修正すればいいよ。仮に正しい道を選んでもあなたが高慢になるなら『正しい道』かは怪しくなるし、間違った道であったとしても神と共に歩む中で神が導く道になることもある。神が共にいるのだから、どの選択肢でも最善へと導かれる。必要なら修正すればいい。『何を今さら』なんてないんだよ。」

選択を恐れていた彼の顔が、パッと明るくなりました。実は彼に力強く語りながら、わたし自身が「何を今さら」から解放されていくときでもありました。

第5章　クリスマスの光

居場所を失ったところにこそ

「俺らみたいのも信じたら救われますか？」　刑務所で教誨師として関わっているときに質問されました。そこにいた数人の受刑者たちは、本当のところどうなんだ！　と言わんばかりの顔です。

わたしはキッパリと「はい。間違いなく救われます。じゃなきゃ、一時間半も運転して刑務所まで来ませんよ」と答えたので、彼らは安堵の表情を見せました。とはいえ、聖書が伝える〝信仰による救い〟に対し、刑に服する自分たちには当てはまらないかも……という感覚を持っていることに、とても驚かされました。

聖書には、救い主であるイエスの誕生に際し、天使は誕生地の近隣にいる羊飼いにその知らせを告げたことが描かれています。当時の羊飼いは世間から罪人とさげすまれ、居場所のないような者たちが就く仕事だったといわれます。なので、わたしは刑務所の

第5章　クリスマスの光

クリスマス会で「もし、今の時代に、鹿児島でイエス・キリストが生まれたら、天使は救い主が生まれたことをまずこの鹿児島刑務所に伝えに来るかもしれません！」と話しました。すると「それが聞けてうれしかった」「明るい気持ちになった」などなど、複数の感想文が寄せられることとなりました。

聖書はイエス・キリストの誕生をこのように描いています。

「マリアは月が満ちて、男子の初子を産んだ。そして、その子を布にくるんで飼葉桶に寝かせた。宿屋には彼らのいる場所がなかったからである。」（ルカの福音書2章6、7節）

現代の日本だと多くの赤ちゃんは病院や助産院で生まれます。自宅出産であっても助産師の助けを得て生まれてくるでしょう。居場所もあり、環境も整えられています。しかしイエス・キリストは誕生に際し、病院はおろか宿屋にすら居場所がありませんでした。

わたしたちも居場所を見失うことがあります。大切にしていたあの人との関係が何かの拍子に崩れてしまうことがあります。あの人が去っていった、この人に嫌われた。そ

んな中、「わたしみたいなのはきっとダメなんだ」と思ったとしても、神はあなたを見捨てません。

そもそもクリスマスは、それを伝える日なんです。だからイエス・キリストはあえて居場所のないところで生まれるように神は計画しました。天使は居場所を見失った羊飼いたちに救い主誕生の第一報を伝えました。

「あなたがいるだけでうれしい」「あなたの帰りを待っている」「どんな失敗をしようと、周囲があなたをどれだけ嫌おうとも愛している」

神はなんとしても、それらのことを伝えたかったのです。そのことに耳を傾けたがらないなら、同じ人間になってでも伝えたかったのです。居場所を感じられないところにこそ神はおられ、あなたに語り続けています。思い描いてほしいのです、すぐそばにある神の存在と声を。

悲しみにつながる絆

二十代で耳が聴こえなくなるのはどれだけの悲しみでしょう！　わたしがオカリナでたびたび演奏する「とある曲」は、そんな作曲家が難聴で聴こえづらくなる中で「世界の悲しみにつながるために作曲された」と言われています。

初めは「世界の悲しみにつながるってどういうこと？」と思いましたが、世界の悲しみにつながらないなら、独りぼっちで悲しむことになります。すると、自分が世界で最もみじめな悲劇のヒロインのように思えてしまいます。

しかし周囲を見渡すなら、自分と似たような悲しみを通った人もいれば、自分よりも大変そうな困難を乗り越えた人もいます。自分が悲しみを経験して初めて「あの人の悲しみはこんなだったのか」と思い、「もっとしっかりしろよ！」と思っていたのが見当違いだったことに気づきます。また、過酷な状況を乗り越えた人たちから励ましや希望を得ます。

わたしの妻は結婚六年目に、最初の命を宿しましたが、残念ながら流産のため生まれることはありませんでした。教会の牧師として赴任して三年目でもありましたが、それまでの三年弱の間、自身の流産体験を全く語ることのなかった信徒の幾人かが自身の体験を語り始めたのには驚かされました。悲しみを通してつながる絆《きずな》に、ありがたさ、温かさを感じるときでした。

イエス・キリストは今から約二千年前、家畜小屋で誕生しました。ローマ皇帝の人口調査の都合で、母マリアは住み慣れた村を離れざるをえず、イエスさまをお腹に宿した臨月の中、移動を余儀なくされました（現代なら医者が止めるでしょう！）。

「マリアは月が満ちて、男子の初子を産んだ。……宿屋には彼らのいる場所がなかったからである」（ルカの福音書2章6、7節）と描写されています。出産にあたって安心して滞在できる病院も宿屋もなく、貧しさ、弱さ、悲しみの中、誕生し、育っていきました。

わたしたちが「イエスさま、今こんなに悲しいのです！」と心を注ぎだして祈るとき、苦労知らずのお坊ちゃんではなく悲しみを実際に味わったイエスさまだからこそ、しっかりとわかって受けとめてくださっているという大きな安心感を味わいます。

クリスマス・シーズン、街はイルミネーションの光が輝きます。夜の闇がどれだけ深くても暗闇は決して光に勝つことはできません。わたしたちが人生の暗闇を通るとしても、悲しみをどこまでも受けとめてくださるイエスさまとつながり、周囲にある人たちの抱える悲しみとつながることができます。

「ボクも悲しい思いをしたから、なんだか他人事と思えなくて……」「あなたの乗り越えた姿を見ると悲しみの中でも希望が感じられる」「とにかく今はいっしょに悲しもうよ」などなど、わたしたちがつながるとき、悲しみは暗闇としてあなたを飲み込むものではなく、むしろ輝き始めます。

時間がかかることはあっても、悲しみは暗闇のままで終わらず、あなたや周囲に光をもたらすイルミネーションとなるのです。

神さまの恵みは鯛のよう

「これ、誕生日のお祝いです。」

キヨさんは毎年十二月になると、うちの息子にと、体長三〇センチほどの鯛を届けてきます。魚をさばいた経験がないわたしは、ネットでさばき方を調べ、見よう見まねで必死になって鯛をさばき、食べられるようにするしかありませんでした。当初は上手にさばけず、食べきれない部位もあったのですが、さすがに毎年贈られてくるとだんだん慣れてきて、さばくのも楽しめるようになってきました。

「神さまの恵みって、鯛みたいなものかも」と思うことがあります。魚をさばけない人が大きな鯛をそのままいただいても困るばかりです。しかし、さばけるようになると、おいしくいただけます。神さまの恵みは時に試練にラッピングされていることがあり、試練というラッピングをほどいて、ようやく恵みを見出せるのです。

以前、気疲れがたまって、仕事が手につかなくなったことがありました。今までこなしていたスピードで仕事を進めることができなくなったのです。そのため、仕事量を減らさざるを得ず、いつも以上に休憩時間を増やす中、こう祈りました。「神さま、この試練の中であなたの救いを見せてください」と。すると神さまから二つのことを示されたように思えました。一つは、ささやかでもできた仕事もあれば、「いやぁ、よくできたなぁ」と自分をねぎらうこと。もう一つは、少しでも進んだ仕事のことで、「神さま、ここまでできました。ありがとうございます」と折々に祈ることでした。

それで、実行してみると、順調に仕事をこなせていたときよりも、感謝にあふれ、はるかに深い充足感を味わうようになりました。気疲れして、仕事が手につかなくなるのは試練です。でも、その試練を通し、神さまから立派な鯛をいただいていることに気づかされました。

聖書を読むと、イエスさまが誕生する喜びにたどり着くまでにマリアとヨセフが幾多の試練を乗り越えたことが描かれます。あなたの人生にも試練があるでしょう。でも、その試練は恵みをもたらす鯛であったことに気づかされる日がきっとやってきます。

第6章　ゆるしと和解の旅

父に溺愛され
兄に嫉妬され
殺されかけ
奴隷として売られ
エジプトで責任ある仕事を任されるも
えん罪で投獄され
長い牢獄生活ののち
止まれ
国内外で干ばつ生活困窮
食料難に苦しむ兄たちを助ける
旧約聖書
ヨセフの曲がりくねった人生の道

曲がった線もまっすぐに

「一時停止」

と書いてあったので、車を一旦停車してから、再発進させたところ、後続の車がビューンとばしてわたしの車を抜き去り、細い道に入ったところで急停車。そこから時速一〇キロにもならないようなノロノロ運転を始めてきました。わたしが一時停止で律儀に止まったことが気に入らなかったようです。しばらく待つとその車は去っていきました。最近ニュースで報道されるような〝あおり運転〟のトラブルにはならなかったのは幸いでしたが、法律順守しているのに理不尽に責められているような嫌な気分になりました。

「神は曲がった線を用いてまっすぐな線を描く」というブラジルのことわざがあります。聖書の神を言い表すうえで絶妙な表現だと思います。

旧約聖書にヨセフという人物が出て来ます。主イエスを育てた父ヨセフとは別人です。父に溺愛されたヨセフは兄たちに嫉妬された挙句、奴隷として売られます。エジプトで奴隷生活を強いられたヨセフですが、苦労を重ねながら、やがてエジプトで王に次ぐ支配者となり、食糧難に備えることになりました。一方、食糧の備蓄をしなかった兄たちは、飢饉になるとエジプトの食糧を求めてやって来ます。兄たちを前にしたヨセフは言うのです。「私は、あなたがたがエジプトに売った弟のヨセフです。私をここに売ったことで、今、心を痛めたり自分を責めたりしないでください。神はあなたがたより先に私を遣わし、いのちを救うようにしてくださいました」（創世記45章4、5節）と。

兄たちに自分は売り飛ばされたが、そのエジプトで成功し、食糧難に苦しむ兄たちを救うように神によってエジプトに遣わされたのだという確信がヨセフにはありました。ヨセフは兄たちに復讐することなく、兄たちも含め一家全員をエジプトで暮らせるようにしたのです。弟を奴隷として売るという兄たちの曲がった思いを用いて一家全体を救う、まっすぐな計画を神は描いたのです。

教会のシンボルと言えるイエス・キリストの十字架も同様です。当時の指導者たちの嫉妬ゆえに、無実にもかかわらずイエスは十字架にかけられて殺されてしまいます。自己都合の邪悪な思いがキリストの処刑につながったのです。しかし、神はその十字架刑を通して全人類の救いを完成させました。邪悪な曲がった思いを用いてまっすぐな計画を実現させるのです。

前述の軽度な〝あおり運転〟。しばらくは思い出すたびに嫌な気分になっていました。近年のあおり運転事故の報道で、犯人が「俺は人を殴るために生きている！」と叫ぶ映像を見たとき、「あぁ、この人はこれまでどれだけ殴られ、軽んじられてきたのだろう」と思わずにいられませんでした。あおり運転の被害者やそのご家族に慰めがあるよう祈らずにいられません。しかしそれだけでなく、あおり運転をする側もどれだけ痛烈な痛み、悲しみを背負わされてきたのだろう、と想像すると、彼らの慰めも祈らずにいられなくなりました。かつての体験は嫌な気分から祈りに変わり、大切な宝となりました。曲がった線でまっすぐな線を描く神に出会った思いがしています。

カウンターパンチの挑発

まず、牧師らしくない（?）わたしのエピソードから。

「ちょっと手伝ってほしいのですが……」

そう言われて、手の空いていたわたしは「はい、何でしょう?」と手伝うことの詳細を確認しようとしました。すると、

「は?　なんで、こんなことがわからないですか!」

善意で相手のふところに入ったら、いきなり強烈なカウンターパンチをくらったかのような思いになりました。ぐらっとなりながらも平静を装います。けれど、心の中は怒りでふつふつ。

すると「なにくそ!」という思いが湧き上がってきて「ほら、わたしはこれほどまであなたの状況に配慮しているんだぞ!」と自分を見せつけて、尊厳を保ちたくなりま

す。これに類似するような悪魔と主イエスのやりとりがあります。

「あなたが神の子なら、これらの石がパンになるように命じなさい。」イエスは答えられた。「『人はパンだけで生きるのではなく、神の口から出る一つ一つのことばで生きる』と書いてある。」(マタイの福音書4章3〜4節)

悪魔からの「神の子なら、石をパンにくらいできるだろ!」と言わんばかりの挑発です。わたしも「なにくそ!」と挑発に乗って、「ほら、石をパンにできるんだ!」と言わんばかりに自分のすごさをアピールしたくもなりました。

しかし、主イエスはここで、人は神の口から出る一つ一つのことばで生きる、と告げます。お腹を満たすパン(食糧)も必要です。しかしそれだけでなく、人には心を満たす神のことばも必要です。

「あいつがわたしにひどいことを言った」という人間の言葉で心を満たすなら、怒りがこみ上げてきます。場合によっては復讐心が出てきたり、挑発に乗ったりすることもあるでしょう。とはいえ、挑発に応えて何かすごいことができたとしても、その人と友好な関係が築けるかは微妙です。

自分の怒りを自覚しながらも、聖書に書かれてある神のことばで、ゆっくりとじっくりと自分の心を満たしていきたいのです。「子よ、おまえはいつも私と一緒にいる。私のものは全部おまえのものだ」(ルカの福音書15章31節)。「わたしの目には、あなたは高価で尊い」(イザヤ書43章4節)等々。一度は怒りがこみあげたわたしも、人間の言葉で心を満たすことから、神の口から出る一つ一つのことばで心を満たしていくようにしていきました。すると、挑発に応えるのとは決定的に違う深い安らぎを味わうことができました。

「『は?』と言われて腹立ったんですけど、○○さんもそう言わずにおれない余裕のなさがあったのかなぁと思って……。どうでしょう?」「ええ。わかってもらえてうれしいです。」そうやってお互いの正直な気持ちを共有しながら、無事お手伝いをすることができました。

人からしてもらいたいこと

「兄に居場所が知られてしまった」と声を震わせながらタケさんがわたしに話しかけてきました。タケさんはわたしがここ数年生活支援をしている人で、困ったことがあれば相談してきます。

タケさんは家庭内の暴力を恐れて家を飛び出して三十年、家族との関わりを絶っていました。電話することも恐れるタケさんに代わってわたしが電話をし、会いたくないと思っている旨を伝えると「あんた何者や！　家族が会いたい、ゆうとるのに、家族でもない他人が会わせまいとするとはどういうことや！」と怒鳴りつけられます。

まずは、このお兄さんの話を、電話口でしっかり聞いて受け止めることにしました。しばらく話を聞いた後、「そこまでして会いたいほど、タケさんとのつながりを大切にしたいんですね」と告げると、「そうや」と、ようやくわかってくれたという安堵の返事。

「タケさんは実家にいた頃、暴力を受け続けて、その時の印象が強いためお兄さんに会いたくないと言っています。お兄さんのつながりを求める気持ちを大切にしたいですし、タケさんが安全を実感できることも同じくらい大切にしたいのですがいかがでしょう?」とわたしが伝えると、「そうですか。わかりました」と答えてくださいました。

その後、数回にわたって、わたしが間に立ちつつ、タケさんとお兄さんが会うことが続きました。タケさんはお兄さんのつながりたい気持ちを大切にし、お兄さんはタケさんが安全を実感できることを大切にしていこうとする中、二人の距離は少しずつ近くなり、わたしが関与する必要はなくなってきています。

「ですから、人からしてもらいたいことは何でも、あなたがたも同じように人にしなさい」(マタイの福音書7章12節)とイエス・キリストは語りました。人にしてもらいたいことのひとつは自分が大切だと思うことを尊重してもらうことです。だから、それを人にもする。つまり他人が大切だと思うことを尊重するのです。タケさんとお兄さんとの関係も、それぞれがお互いの大切に思う「安全」と「つながり」を尊重し合えたか

ら、距離が縮まっていきました。

なぜキリスト者は聖書を読み、聖書を信じるのでしょう。それは有益な教訓がある、ということ以上に、聖書の物語が自分たちの物語となって、埋まらないはずの溝が埋まることがあるからです。

ヤコブとエサウという兄弟の物語が聖書にあります。弟ヤコブは兄エサウが相続するつもりだった祝福をだましとりました。それゆえエサウはカンカンに怒り、ヤコブは実家を飛び出して、逃げるしかありませんでした。しかし、時が経つ中、ヤコブとエサウは再会し、和解することになります。

タケさんとお兄さんの話とでは違うところも多々ありますが、修復できないほどの溝があっても、苦闘していく中でその溝が埋まり、和解していく姿はヤコブとエサウの物語を現代日本で見るような思いがしています。聖書の物語は、わたしたちの物語となるのです。

認めてくれ！――怒りの果てに

話を真剣に聞いていない家族に対し、あなたはどちらの言い方をしますか？

Ⓐ「どうして話を聞いてくれないのよ！」と声を荒げる。

Ⓑ「お願い。話を聞いてほしいの」と心を込めて伝える。

Ⓐも Ⓑも話を聞いてもらいたいという目的は同じでも、伝え方で目的への達しやすさが変わります。Ⓐのように感情に任せて怒っても、かえって聞いてもらうという目的は遠ざかりがちです。

旧約聖書にカインとアベルという兄弟が登場します。二人はそれぞれ神にささげ物をします。神は弟アベルのささげ物には目を留めましたが、兄カインのささげ物には目を留めませんでした。神はカインにこう語りかけます。

「なぜ、あなたは怒っているのか。なぜ顔を伏せているのか。もしあなたが良いことをしているのなら、受け入れられる（別訳＝顔を上げられる）」（創世記4章6、7節）と。

おそらくカインがしたささげ物には、顔を上げられない不十分さ、いい加減さがあったのでしょう。私自身、疲れが抜けない朝にいい加減な朝食を作って家族にマズいと言われて残されたら、頑張ったんだから認めてくれよ〜、と思うでしょう。ですから、いい加減なささげ物だったとしても、認めてほしかったカインの気持ちもわからなくはないのです。

神は続けてカインに語ります。「もし良いことをしていないのであれば、戸口で罪が待ち伏せている。罪はあなたを恋い慕うが、あなたはそれを治めなければならない。」（同7節後半）

認めてくれ！と怒りがこみあげてくるとき、認められているアイツをやっつけたくなる衝動がやってきます。それが戸口で罪が待ち伏せている状況です。それを治めるように神は告げます。

しかしカインは怒りの感情にまかせ、弟のアベルに襲いかかり殺してしまうのです。

家族が家族を殺す……それが悲劇であることは言うまでもありませんが、結局、カイン自身の「認めてほしい」という欲求はやっつけたって満たされない……それも悲劇的です。

私たちの罪のために十字架にかけられ復活したキリストがカインの前に現れたら、二人はこんなふうに語り合うのかもしれません。

「なぁ、カイン。わたしはお前の罪を赦してるよ。お前の罪も背負って十字架にかかったんだから。お前の話を聞きたいし、お前の存在を大切に思っていて認めてるんだよ。」

「俺は、自分の感情に任せて、弟アベルをやっつけたらスカッとして、認められた気になれるかと思ったけど、そうでもないんですね。それよりもあなたが話を聞いてくださる。認めてくださる。そのことを大事にしていたら、もっと落ち着いて適切な行動ができたんだろうなぁ。」

わたしたちも時に怒りをコントロールできなくなる、現代のカインかもしれません。そんな現代のカインのそばにキリストは今もおられ、語りかけています。

訴えの奥にある誠実さ

「謝れ!」

「ん? なんですか? お話をもうちょっと聞かせてくださいますか。」

非暴力コミュニケーションを学んで数年。牧師としてキリスト教的に消化したものを分かち合う中で、『謝れ!』とすごまれたときに、どうしたらいいのか」という相談を結構受けてきました。場合によっては、相談者に「謝れ!」と言ってきた人になりきってもらって、どんなふうに受け答えができるかを実演することもあります。以下、やりとりの続きです。

「あなたは牧師なのに、講壇で愛を語りながら、実生活では愛がない。言っていることとやっていることが違うじゃないか! それで鈴木さんはひどく傷ついていたんだぞ。謝れ!」

「正直な気持ちを率直に伝えてくださって、ありがとうございます。私が説教で愛を語るのに、実生活では愛がないと感じていらっしゃる？」

「だから謝れ！と言っているでしょ。謝らないんですか！」

「誠実な対応を心から求めておられるんだなぁと。その誠実さ、率直さをとても大切なものとして受け止めています。そして、確かにおっしゃるように、講壇で愛を語るようには、実生活で愛を実践できないのがわたしです。神の前で赦され続ける必要のある罪人なのです。もちろん、不誠実に罪を犯し続けていいとも言いませんが、しかしまた、どこかしら欠けのある罪人であることも認めるしかありません。その意味で十字架の恵みによって赦されるしかない者です。」

「じゃあ、鈴木さんに謝るのか！」

「鈴木さん自身がどう受け止めているかも含めて、確認させてください。わたしに非があるなら謝りたいと思います。しかし、何が悪いのかよくわからないまま謝ることはあなたに対しても、鈴木さんに対しても不誠実なように思うのです。あなたの誠実さ、率直さをわたしは大切にしたいし、それと同じくらいわたしもあなたや鈴木さんに対して誠実さを大事にしたいのです。これを聞いてどう感じますか？」

「そりゃまあ、そうですね。わかりました。」

「率直に気持ちを伝えてくださって、ありがとうございます。鈴木さんと話してみますね。」

謝るか／謝らないかの二者択一ではなく、「謝れ！」と訴える奥にある気持ち（この場合は、率直さや誠実さ）を、宝ものを見つけたかのように大切にすることを心がけます。そうすると、二択を超えた世界が開かれることを幾度も経験してきました。人生には、謝ってもこじれたままのこともあります。謝るにしろ、謝る必要がないにせよ、訴えてきたその奥にある気持ちまで尊重できているかがカギになります。

「あなたがたの敵を愛しなさい」（ルカの福音書6章27節）と主イエスは語りました。ちょっとしたこじれが敵対関係に発展しそうになります。そんな中で、ふと敵と思いたくなる相手の中に、愛さずにはいられない美しい気持ちがあることを認めていければと思っています。

第7章　最後に訪れる恵み

再会を目指して歩いていく

「結婚します。」

鹿児島教会の牧師となって二十年。着任当初、小学生だった少年が、就職し、このたび結婚の報告にやってきました。彼の父親は、神を愛し、自分たちの通う教会を愛し、また妻と息子を愛しつつ、闘病生活を経て三年前に地上の生涯を終えました。

「あなたのお父さんがこの結婚の報告を聞いたら、顔をくしゃくしゃにして、うれしくて仕方ないって言うだろうね。その様子しか浮かばないよ。イエスさまのそばで、これからの結婚のために心を込めて祈ってくれているとしか思えないんだよね」と伝えると、彼もうれしそうに、「そうだな」って顔をしていたのが印象深く心に残っています。

死後、人がどうなるかは、聖書にいくつかの記述がありますが、それらをつなぎ合わせて、死後の世界で故人は○○している、とはっきり言う教会もありますし、断片的すぎて、死後、故人が今どうしているかを明確に語ることはできないという立場の教会もあります。なので、彼のお父さんがイエスさまのそばで彼のために祈っているというのは死後についての聖書のひとつの解釈で、すべての教会が同意するわけでもありません。

ただ間違いなく言えることは、イエス・キリストの復活によって、わたしたちはやがて復活して再会することができる、ということです。彼のお父さんは（眠ったままなのか起きているかの解釈は分かれますが、死後の世界を生き続け）息子の結婚を心から祝福し、祈る思いであることは否定できないということです。

主イエスがよみがえった朝、墓に遺体がないことに驚いていた女たちに御使いは次のように語ります。

「あなたがたは、恐れることはありません。十字架につけられたイエスを捜しているのは分かっています。ここにはおられません。前から言っておられたとおり、よみがえられたのです。さあ、納められていた場所を見なさい。そして、急いで行って弟子たちに伝えなさい。『イエスは死人の中からよみがえられました。そして、あなたがたより

先にガリラヤに行かれます。そこでお会いできます』と。」（マタイの福音書28章5～7節）

主イエスの復活は、復活というドミノが倒れる最初の一枚です。主イエスが復活したゆえに多くの人の復活へと広がっていきます。復活の主イエスは墓にはいません。再会するには、主がそこで会うと約束されたガリラヤの地へと歩いていく必要があります。わたしたちもそうです。死はとても怖いもの、ひどく悲しいものでもありますが、必ず起こる復活を信じて、再会を目指して歩いていくのです。

冒頭の彼の結婚式に、父親は不在ではありません。主イエスの復活ゆえに、やがて彼は父に再会できます。式場に父の姿は見えなくても、父の祈りはいつも彼と共にあるのです。

なぜですか？の答え

道を歩いているだけで、涙がぽろぽろとこぼれる時期がありました。結婚して六年目、ようやく授かった子が流産のため地上の生を終えたあと、一年ほどの間です。「神さま、なぜですか？」という問いが続きました。しかし世間を見渡せば、同様に流産のため生まれなかった命があり、はたまた生まれても事故や事件に巻き込まれ、無《む》垢《く》な子たちの命が絶たれることもあります。ご家族の悲しみはいかばかりかと思いますし、わたしと同様に涙が止まらない時期を過ごしていると思うのです。

聖書を見ていくとき、そこにもひとりの子どもの死が描かれます。それは神のひとり子、罪なきイエス・キリストの十字架での死です。

「神が御子を世に遣わされたのは、世をさばくためではなく、御子によって世が救わ

れるためである。」（ヨハネの福音書3章17節）
父なる神は、御子キリストをわたしたちが救われるように遣わされました。わたしたちのためにこの地上に生まれ、成長して、福音を語り、十字架にかかって死なれたのです。

生まれぬまま死んでしまったわが子のことで涙を流しながらも、父なる神もわが子の死を体験として知っておられることに不思議な慰めを感じ続けていました。なぜ死んだかの答えは不明確でも、喪失の悲しみはしっかりわかってもらえている安心感がありました。

イエス・キリストは死んで終わるのでなく、よみがえって死に勝利されました。キリスト教において死は終わりではありません。ですから、この地上でわが子に会えなくても、やがて会うことができる希望があります。「死んだら終わり、かわいそう」ではないのです。

この地上を生きていると、苦しいとき、落ち込むときがあり、そのまま愚痴ばかりこぼすこともできます。しかし、ああ、あの子に会う日が来るのなら、わたしはどう生きるだろう？　と思うと励まされ、生きる勇気をもらえます。友人でお子さんを亡くされた方に出会うと、共に悲しむことが自分の中でより深くしっくりくるのは、あの子のおかげだなぁと思います。生まれてこなかったのですが、結構、親孝行な子なんです。

日々の生活の中で、「なぜこんなことが？」と思わざるを得ない悲劇が起こることがあります。神さまは悲劇の傍観者ではなく、苦しみそのものの中に入り、わが子の死と喪失を体験した方であり、それに加えて復活の希望をもお与えになりました。

神さまは、悲しみそのものを無くすというよりも、悲しみから良きものを生み出すお方です。

イエス・キリストの十字架と復活を通して、わが子の死は単なる悲劇ではなく贈りものに変えられている――わたしはその中にあることを実感しています。

終わりに含まれる新たな始まり

「あの子が生まれていたら、もう高校三年生かぁ……。どんな背丈で、どんな会話をしているのだろう？」

十九年前、妻の胎に宿った命は、流産のため生まれることはありませんでした。涙があふれて仕方がなかったあの時期を経て、今は、死んだあと、主イエスが会わせてくださるという確かな希望があります。あの子に会う日が来ると思うと、父親としてちゃんと生きなきゃ、と日々励まされつつ、今は会えない寂しさもあります。

「キリスト教はどうして葬儀で歌うのですか」と質問されることがあります。歌うのはうれしいときのはずなのに、大切な人が死んで歌うことに違和感があるからこその問いです。

確かに大切な人の死は悲しいです。とはいえ、大切な人との数々の思い出は心温まるものでそれらを思い起こすと感謝があふれます。そして主イエスの恵みによって死後、再会できる希望があるからこそ、悲喜こもごものいろんな感情を神さまにゆだねて、クリスチャンは葬儀で賛美歌を歌います。

小学四年生のとき、祖父が亡くなりました。祖父の葬儀で牧師が語る説教はわたしにとって鮮烈な印象を与えました。祖父にはイエス・キリストの恵みゆえに永遠のいのちが与えられていること、そしてやがて祖父に会える日が来ることが葬儀説教の中で明確な実感として迫ってきたのです。翌春のイースター（復活祭）に、わたしはキリスト教の信仰告白をし、洗礼を受けました。祖父の死はわたしに信仰のバトンを手渡すものとなったのです。

始まりがあれば、終わりもあります。それとともに、終わりは新たな始まりでもあります。祖父の死はわたしの信仰を芽生えさせました。あの子は生まれませんでしたが、それは終わりのようでいて、同時に始まっているもの、現在進行形のつながりを感じています。

見よ、わたしは新しいことを行う。
今、それが芽生えている。(イザヤ書43章19節)

この聖書箇所が告げるのは、終わりのような状況でも、新しいことを芽生えさせるのが神さまだということです。その意味で、人間は始まりを含まない終わりなんて作り出せないのです。神さまは新しいことを行うのですから。

終わりを感じたとき、わたしたちは悲しみます。そんなとき、ちゃんと泣いて、涙を流せたらと思います。「泣」くという漢字に「立」つが含まれ、「涙」に「戻」るが含まれているのは大変興味深いことです。神さまにすがって泣き、涙を流す人は立ち上がり、心は元に戻っていきます。そんな中、終わりしか見えなかったわたしたちは終わりに含まれる新たな始まりに気づき始めます。そうして、悲しみを目の前にしながら、神さまを賛美する心に近づいていくのです。

すべてがプラスに変えられる

ざぶーん。

教会でのキャンプの夜、必ず向かう露天風呂つきの温泉がありました。浸《つ》かっていると、あまりに気持ちよく、疲れが吹っ飛んでいくため、責任者としてこなさなければならなかったその日一日のすべての苦労がとても愛《いと》おしく思えて仕方なくなるのです。

苦労が苦労と思えなくなる。むしろ苦労してよかったと思える。そう思えるに越したことはありません。

一時期、気分転換に、オセロをネットゲームでやっていました。中盤まで自分の色を圧倒的に増やせて、相手の色を一枚きりに持ち込み、「よし！　これは勝てるぞ！」と思ったものの、そこから大逆転されてしまい、最終的には自分の色が全くなくなってしまうこともしばしばありました。自分の負けっぷりにあきれながらも、「神さまの恵みって、こういうものだよな」としみじみ思ったものです。
苦労、苦難、トラブル……。いろんな敗北がずら〜っと並んで、人生がほぼそれ一色と思えてならないことがあります。しかし、そこにも間違いなく、神さまが共にいて、最終的に神さまがひっくり返して、すべてが神さまの勝利に変えられます。これが福音（グッド・ニュース）です。わたしがキャンプの夜、温泉で、すべての苦労を愛おしく思えてならなかったように、わたしたちは、すべてがプラスに変えられることを体験することになります。

神は彼らの目から
涙をことごとくぬぐい取ってくださる。
もはや死はなく、
悲しみも、叫び声も、苦しみもない。
以前のものが過ぎ去ったからである。（新約聖書・ヨハネの黙示録21章4節）

聖書が告げるのは、死んだ先にもはや死はなく、悲しみも、叫び声も、苦しみもないこと。すべてがオセロのようにひっくり返り、神をほめたたえずにいられない恵みに変えられていきます。

人生は死んで終わりではありません。苦しみ、悩んで死んだとしても、すべてが神の勝利というプラスに変えられて終わります。つまり、わたしたちの人生においてあらゆる苦難という苦難がどれも伏線であり、その伏線はみな回収されて、完璧なハッピーエンドに至るのです。「えっ？　うそ？　あの苦難に、こんなに深い神さまの計画があったの？　神さまのあたたかな愛がそこにあったのに、全然気がついていなかった。いや、神さまってホントにすごい！」と、死後であってもそのハッピーエンドへの大転換に驚かされ、神を賛美せずにいられなくなります。クリスチャンはそんな最終的に行きつく世界を、天国とか新天新地と呼んだりします。

神さまが最後にもたらすものを見つめつつ、今を生きようとするとき、苦難の見え方が変わります。今、目の前にある苦難は、どれもオセロのようにひっくり返るハッピーエンドの始まりです。神さまが備えた輝く未来を見つめながら、今日を大切に生きていきたいのです。

オカリナ牧師の 聖書ゆるり散歩

2021年9月1日　発行
2022年3月1日　再刷

著　者　久保木 聡
挿　絵　みなみななみ
印刷製本　日本ハイコム株式会社
発　行　いのちのことば社
〒164-0001 東京都中野区中野2-1-5
電話 03-5341-6922（編集）
03-5341-6920（営業）
FAX03-5341-6921
e-mail:support@wlpm.or.jp
http://www.wlpm.or.jp/

ISBN978-4-264-04290-7